NORDRHEIN
WESTFALEN

Blick über den Phoenix-See auf Dortmund.

HELGE MATTHIESEN | FLORIAN MONHEIM

NORDRHEIN WESTFALEN

DIE BILDER

GREVEN VERLAG KÖLN

Vorwort

Foto: Land NRW / Laurence Chaperon

Unser Nordrhein-Westfalen ist – trotz seines jungen Alters von gerade mal 75 Jahren – ein Land mit einer großen Geschichte: vom Aachener Dom, Kloster Corvey bei Höxter oder St. Lamberti in Münster über die Zeche Zollverein bis hin zur Rheinromantik am Drachenfels, den bewaldeten Höhenzügen des Sauerlandes oder den sagenumwobenen Externsteinen im Teutoburger Wald. Zur historischen und landschaftlichen Vielfalt kommt in Nordrhein-Westfalen ein besonderes Lebensgefühl hinzu: Wir sind heimatverbunden und weltoffen zugleich. Wir grenzen nicht aus, sondern schauen gemeinsam nach vorn.

Als Nordrhein-Westfalen am 23. August 1946 von der britischen Besatzungsmacht gegründet wurde, war das erfolgreiche Zusammenwachsen unseres Landes noch nicht abzusehen. Umso mehr können wir stolz darauf sein, dass nach 75 Jahren immer mehr Menschen im Rheinland, in Westfalen und Lippe sagen: Das ist unser Land Nordrhein-Westfalen – wir gehören zusammen. Gemeinsam haben wir in einem Dreivierteljahrhundert große Veränderungen bewältigt und in vielen Bereichen Neues geschaffen. Aber manche Dinge haben sich zum Glück nicht geändert: Nordrhein-Westfalen ist auch heute das soziale Gewissen und der wirtschaftliche Motor Deutschlands.

Auch die besonders großen Herausforderungen, vor die uns das Corona-Virus seit dem Frühjahr 2020 gestellt hat, müssen wir gemeinsam bewältigen. Dieses Ereignis hinterlässt tiefe Spuren und wird lange im Gedächtnis bleiben. Aber wir dürfen uns auch darauf freuen, dass wieder Menschen aus Nordrhein-Westfalen und aus der ganzen Welt die Schönheit und Gastfreundschaft unseres Heimatlandes, die Besonderheiten von Land und Leuten im Rheinland, in Westfalen und Lippe persönlich erleben können. Dieser wunderschöne Band kann bis dahin die Vorfreude steigern und hoffentlich als Ausgangspunkt für viele freudige Entdeckungen dienen.

Glück auf und Gottes Segen für unser Land!

Ministerpräsident des Landes Nordrhein-Westfalen
Düsseldorf, im Mai 2021

Am Medienhafen in Düsseldorf: Fassade des Neuen Zollhofs von Frank Gehry.

Foyer des Verfassungsgerichtshofs für das Land Nordrhein-Westfalen und des Oberverwaltungsgerichts in Münster.

Weltkulturerbe: Förderturm der ehemaligen Zeche Zollverein in Essen.

Zollverein

Aachener Blaustein: Hausfassade in Kornelimünster.

Gründungsbau der Postmoderne: Museum Abteiberg in Mönchengladbach.

Die älteste der Kevelaerer Pilgerkirchen: Kerzenkapelle.

Treppenhaus in der Villa Bagel in der Friedrichstraße in Mülheim an der Ruhr.

Die älteste Zitadelle nördlich der Alpen in Jülich.

S. 10/11
Der Altenberger Dom im Bergischen Land.

Elefantenskulptur im Maximilianpark in Hamm.

Landmarke *Tiger and Turtle* von Heike Mutter und Ulrich Genth in Duisburg-Angerhausen.

Historische Häuser und Kirche St. Nikolai in Lemgo.

Bronzeskulptur *Large Two Forms* von Henry Moore
vor dem ehemaligen Kanzleramt in Bonn.

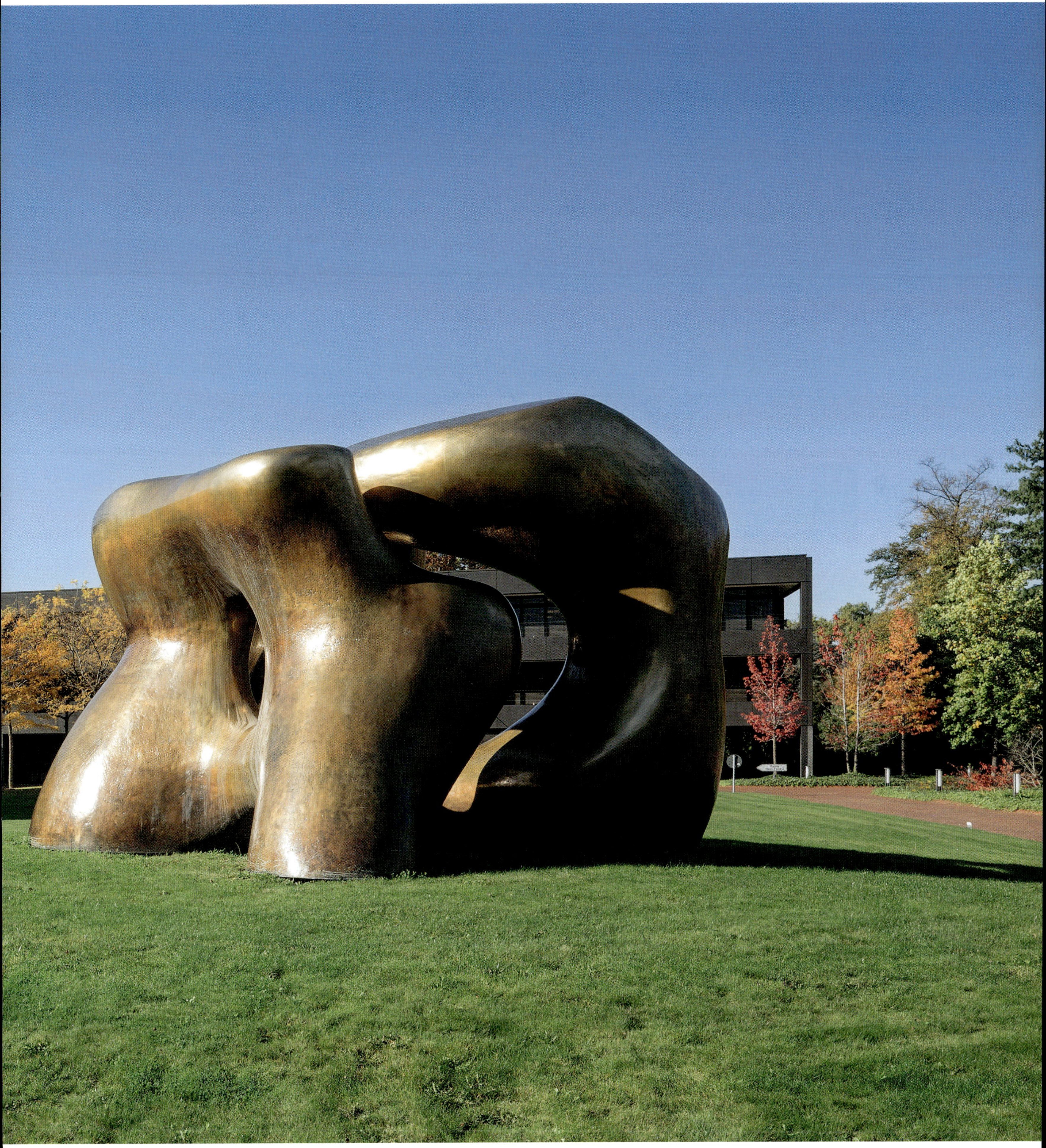

Romanik in Reinform: St. Patrokli in Soest.

Henrichshütte Hattingen, heute ein Industriemuseum.

Unten Weser, oben Mittellandkanal: Das Wasserstraßenkreuz Minden.

Scheren-Rohlinge im Industriemuseum Gesenkschmiede Hendrichs in Solingen.

Jugendstilvilla: Der Hohenhof in Hagen von Henry van de Velde.

Bauten von Daniel Libeskind am Kö-Bogen in Düsseldorf.

Älteste Moschee im Land: Die Aachener Bilal-Moschee aus den 1960er-Jahren.

Akademie Mont-Cenis auf einem ehemaligen Zechengelände in Herne-Sodingen.

Neue Nutzung einer Turbinenhalle: Das rock'n'popmuseum in Gronau.

Historischer Ortskern: Kornelimünster bei Aachen.

Ernst Barlachs *Der Schwebende* in der Antoniterkirche in Köln.

Von der Fabrik zum Kulturzentrum: Die Ravensberger Spinnerei in Bielefeld.

Rekonstruktion des römischen Hafentempels
im Archäologischen Park Xanten.

reichs. Weltkulturerbe sind auch die barocken Schlösser in Brühl und die Abtei Corvey, die an das frühe Mittelalter erinnert. Die Zeche Zollverein und die Villa Hügel in Essen stehen für die Zeit der Stahlbarone und der Kohle. Das Hermannsdenkmal bei Detmold ist ein markanter Punkt des Lipperlandes.

Und doch hadert Nordrhein-Westfalen mit sich selbst und hat sich ohne Not in eine Debatte über Defizite verstrickt. Man sei ein Bindestrich-Land, ein Retortenprodukt der britischen Besatzungspolitik. Ein Land ohne Geschichte, Verwurzelung und Tradition. Es fehle an einem gemeinsamen Gefühl, an enger Verbundenheit, an so etwas wie einem NRW-Patriotismus.

Es gibt da die drei Landesteile, die auch im Wappen in Form von Rhein, Ross und Rose dargestellt sind: Das Rheinland, Westfalen und Lippe. Das Ruhrgebiet liegt quer zu alledem, denn hier begegnen sich die alten preußischen Provinzen Rheinland und Westfalen in einem einheitlichen Wirtschaftsraum mit starker Verflechtung. Kurzum: ein Land ohne Identität mit Menschen, die sich als Kölner oder Düsseldorfer sehen, als Sauer-, Sieger- oder Rheinländer. Sie halten sich für Lipper oder neuerdings für Ostwestfalen, interessieren sich aber so gar nicht für das große Ganze. Nun kann der Mensch Aachener sein und doch aus Dortmund stammen, in Siegen leben, mit einer Oma in der Türkei. All das ist kein Widerspruch und scheint doch vielen nicht genug. Fast möchte man dem Land eine Art Komplex bescheinigen, ein latentes Gefühl von Minderwertigkeit.

Nur während einer kurzen Phase in den 1980er-Jahren war es besser, als die Regierung von Johannes Rau und namentlich der damalige SPD-Wahlkampfchef Bodo Hombach den trickreichen Slogan „Wir in Nordrhein-Westfalen“ erfand und die SPD damit unauffällig in den Rang einer Staatspartei erhob. Das finden Konservative bis heute bewundernswert, aber irgendwie auch übergriffig. Und obwohl es schon lange her ist, wirkt es doch nach. All diese Klagen sind richtig und doch falsch zugleich, denn jagt man da nicht ein Phantom? Ist es in Zeiten von Migration und offenen Grenzen, von Pendlerströmen und Globalisierung nicht eine Illusion, anzunehmen, dass der Boden, auf dem Menschen leben, eine Bedeutung habe für ihre Identität?

Das Land selbst hat durchaus eine Identität, wenn auch vielleicht nicht die, die mancher sich wünscht. Doch verglichen mit anderen Bundesländern – auch solchen ohne Bindestrich – ist Nordrhein-Westfalen mit seinen vielfältigen Regionen der absolute Normalfall. Es ist an vielen Stellen besser aufgestellt als manch beneideter Nachbar. Vielleicht ist es sogar die am besten geglückte Ländergründung der Nachkriegsphase. Seit 75 Jahren ist das Land noch nie ernsthaft infrage gestellt worden. Alle Pläne einer Neugliederung des Bundesgebiets, die man in den vergangenen Jahrzehnten diskutierte, gingen immer von Nordrhein-Westfalens Bestand, ja Notwendigkeit aus. Auch wenn sich Rheinländer und Westfalen mal ernsthaft und mal spöttisch aneinander abarbeiteten: Für eine Trennung hat es nie gereicht. Parteigründungen für ein unabhängiges Westfalen verpufften: Die Frage interessierte die Menschen einfach nicht. Während in Rheinland-Pfalz kurz und heftig darüber gestritten wurde, ob man die Regierungsbezirke Koblenz und Trier, die einst zur preußischen Rheinprovinz gehörten, wieder mit deren nördlichem Teil in Nordrhein-Westfalen vereinigen sollte, während Baden-Württemberg und Niedersachsen Plebiszite über eine Neuaufteilung erlebten, blieb es hier immer ruhig. Das Land funktionierte von Beginn an.

Nordrhein-Westfalen verdankt seine Existenz einer kurzen Phase der Nachkriegspolitik. Deutschland war seit Mai 1945 in vier Besatzungszonen geteilt. Eine neue Grenze zerschnitt die alte Rheinprovinz der Preußen: Nur in den nördlichen Regierungsbezirken Aachen, Düsseldorf und Köln herrschten die Briten, in den südlichen waren es die Franzosen. Die Sowjetunion und Frankreich erhoben Anspruch auf Mitsprache im Ruhrgebiet. Man dachte in Paris und Moskau an eine Viermächteverwaltung oder eine Herauslösung und Europäisierung dieses wichtigen Wirtschaftsraums. Für die Briten war dies keine Option, sie arbeiteten auf einen Ausgleich mit dem ehemaligen Kriegsgegner hin, sahen die Bedeutung der Ruhr für die eigene Wirtschaft und wollten keine Störfaktoren. Die Sowjets am Rhein? Undenkbar. Also schufen sie Fakten und ordneten in ihrer Besatzungszone die Gründung eines neuen Landes an: bestehend aus dem nördlichen Teil der Rheinprovinz und der Provinz Westfalen. „Operation Marriage" nannte sich das, und am 23. August 1946 betrat das neue Land die Weltbühne – mit dem leidigen Bindestrich, der manche bis heute irritiert. Im Januar 1947 kam das Land Lippe hinzu. Das regelte man schon bilateral, denn die Lipper hätten sich auch für das gerade gegründete Niedersachsen entscheiden können.

Die Ehe zwischen dem ländlichen Westfalen und dem eher städtischen Rheinland hatte nicht nur den Vorteil, den Franzosen und Sowjets übergriffige Ansprüche zu verleiden. Die hungernden und zerstörten Städte bekamen damit Verbindung zu einer landwirtschaftlich geprägten Region. Das galt damals als gute Idee. Die Briten fragten vor der Vereinigung der beiden Landesteile bei deutschen Politikern im Rheinland und in Westfalen an, was sie über die Zukunft der Region dachten. Offenbar äußerte sich eine ganze Reihe von ihnen durchaus positiv zu einer Vereinigung der nördlichen Rheinprovinz mit Westfalen. Hinweise kamen vom Oberpräsidenten der Rheinprovinz, Robert Lehr aus Düsseldorf, vom Kölner Oberbürgermeister Hermann Pünder, von Konrad Adenauer als Chef der CDU und selbst von Karl Zuhorn, dem Oberstadtdirektor von Münster. Die Idee war auch nicht neu. Hintergrund waren Pläne zur Reichsreform, die in den 1930er-Jahren diskutiert worden waren und schon Lösungen wie das spätere Nordrhein-Westfalen vorsahen. Alle vier kannten diese Diskussionen aus ihrer Arbeit in der Weimarer Republik. Die Entscheidung für die „Operation Marriage" trafen die Briten gleichwohl allein und ohne die Deutschen. Man teilte ihnen die

Gründung mit und gab ihnen auch gleich einen Fahrplan auf den Weg, mit einem ernannten Landtag, einer Allparteienregierung und einer neuen Hauptstadt: Düsseldorf sollte es werden. Die Stadt war immerhin Sitz des preußischen Provinziallandtags gewesen und als Hauptstadt somit leidlich erprobt. Köln lag noch völlig in Trümmern, und auch Dortmund oder Münster kamen nicht in Betracht.

In Westfalen gab es zunächst lange Gesichter, denn dort hatte man ein eigenes Bundesland favorisiert, gerne auch mit Teilen der Provinz Hannover um Osnabrück, Vechta und Lingen. Dort wähnte man westfälische Landsmannschaft und hatte schon in den 1920er-Jahren Karten gezeichnet, so als ginge es um westfälische Geopolitik und imperiale Expansion. Solche Überlegungen mit Übergriffen nach Westfalen kamen auch aus Niedersachsen. Das Denken in Gebietsgewinnen und Grenzen gehörte fest zum Geist der Zeit. Den Beitrittswunsch aus einzelnen Landkreisen des Oldenburger Münsterlandes missverstand man damit jedoch gründlich, ging es den abwanderungswilligen Niedersachsen doch darum, endlich nicht mehr katholische Diaspora in einem mehrheitlich evangelischen Land zu sein. Die meisten Federn musste indes das Rheinland lassen, denn es teilt sich seither gleich in drei Bundesländer auf. Das Saarland blieb zunächst eng an Frankreich gebunden und trat erst 1956 der Bundesrepublik bei. Der Phantomschmerz hielt sich jedoch in Grenzen. Konrad Adenauer forderte als CDU-Vorsitzender im Rheinland pflichtschuldigst die Wiedervereinigung der beiden verlorenen Regierungsbezirke mit dem Norden. Politischer Ehrgeiz war jedoch nicht zu verzeichnen. Schließlich hatte man die beiden strukturschwächsten Teile der Provinz verloren. Man kam auch ganz gut ohne einander zurecht. So trat der Bindestrich in die Welt, und Rheinländer, Westfalen und Lipper waren fortan herausgefordert, gemeinsam in einem Bundesland zu leben.

Das war gar nicht so schwer, denn an der Wiege dieses neuen Landes stand Preußen. Sowohl das Rheinland als auch Westfalen waren 1946 rund 131 Jahre preußische Provinzen. Mit Ausnahme der Grenze zu Rheinland-Pfalz waren die äußeren Grenzen Nordrhein-Westfalens bereits 1815 auf dem Wiener Kongress entstanden, 1918 nur leicht verändert worden und beruhten ganz überwiegend auf älteren Demarkationslinien. Sie waren vom Zufall und vom Verhandlungsgeschick einzelner Parteien in Wien bestimmt: Nur Lippe-Detmold hatte sich damals staatliche Unabhängigkeit bewahrt. Für die anderen Territorien des Landes galt das nicht, ganz gleich, wie alt und bedeutend sie einst waren. Grenzpolitik war eine praktische Frage. So zog 1815 zum Beispiel an der Grenze zur niederländischen Provinz Limburg eine Kommission die Linie so, dass Preußen vom Ufer der Maas einen Kanonenschuss weit entfernt blieb. Alt und gewachsen war das alles nicht. Auch landsmannschaftliche Bindungen spielten bei solchen Prozessen keine oder nur eine geringe Rolle. Grenzen trennen und sie verbinden. Die Außengrenze Nordrhein-Westfalens war offen in jede Richtung,

Weltkulturerbe Kölner Dom: Chor
und südliches Querhaus.

Weltkulturerbe: Das Westwerk von Kloster Corvey bei Höxter.

Barocke Gartenkunst: Der Park von Schloss Augustusburg in Brühl.

Sanaa-Gebäude auf dem Gelände der Zeche Zollverein in Essen.

Weltkulturerbe Aachener Dom: Oktogon-Kuppel.

Das Schloss der Fabrikantenfamilie Krupp:
Villa Hügel in Essen.

Getreide-Silo
LAGERHAUS
PAUL LAMERS KG

Reiterprozession an Christi Himmelfahrt:
Gymnicher Ritt.

Alte Speicher und neue Bürogebäude
im Medienhafen Düsseldorf.

sieht man einmal von den Staatsgrenzen im Westen ab. Und sie umschloss eine heterogene Bevölkerung mit unterschiedlichen kulturellen Traditionen und Bezügen.

Die neuen Herrscher aus Berlin sorgten im 19. Jahrhundert mit Infrastruktur, Universitäten, einer funktionierenden Verwaltung, einem einheitlichen Gerichtswesen, einem Schulsystem, Militärpflicht und Kommunalrecht für eine umfassende Modernisierung. Das war auch nötig, denn sie übernahmen nach dem Ende der napoleonischen Herrschaft einen Flickenteppich von rund 50 völlig unterschiedlichen Territorien, die aus mittelalterlichen Herrschaften erwachsen waren. Besonders prägend waren die kirchlichen Herrschaften von Kurköln und die Fürstbischöfe von Münster, die das Rheinland und das Münsterland teilweise schon in Personalunion regiert hatten und vielleicht als eine Art Vorläufer des späteren Landes Nordrhein-Westfalen gelten können. Es gab alte Hansestädte wie Dortmund, Köln und Soest oder Residenzen wie Bonn, Siegen und Düsseldorf. Daneben die Herzogtümer von Berg und von Ravensberg, ein Herzogtum Westfalen im Sauerland, die Nassauer Fürsten in Siegen und kleinste Besitzungen von Klöstern, Abteien und Stiften. Das alles war konfessionell ganz unterschiedlich aufgestellt, politisch und kulturell sehr verschieden. Jedes Territorium hatte sein eigenes Selbstbewusstsein und seine historische Prägung, doch waren sie letztlich alle zu klein für die aufziehende moderne Welt.

Preußen war ein toleranter Staat. Der König forderte Loyalität und Gesetzestreue, aber kein Bekenntnis oder gar Vaterlandsliebe. Das Königreich war eine sehr sachliche Angelegenheit. Nationalität oder Religion hatten keine entscheidende Bedeutung: Der König war evangelisch, aber für die Katholiken in der neuen Rheinprovinz baute man den Kölner Dom zu Ende. So blieb Raum für die Freiheitsrechte, die die Franzosen an den Rhein gebracht hatten. Jeder durfte nach seiner Façon glücklich werden. Erst unter Bismarck änderte sich die Politik gegenüber den nationalen Minderheiten, und die Intoleranz gegenüber Katholiken, aber auch Sozialdemokraten sorgte für Auseinandersetzungen zwischen Berlin und den Provinzen im Westen.

Nordrhein-Westfalen hatte also bei seiner Gründung schon rund 130 Jahre einheitlicher Staatlichkeit hinter sich – nur eben in einem größeren Staatsgebilde. Das war mehr als bei vielen anderen neuen Bundesländern, die fast ausnahmslos neu zusammengesetzt wurden. Einzig Bayern hatte einen leichteren Start. Es verlor zwar die Pfalz, existierte aber in seinen Grenzen des frühen 19. Jahrhunderts weiter. Doch ist es die Ausnahme unter den Ländern 1946 und als Maßstab daher ungeeignet.

Die Voraussetzungen für die Gründung waren günstig, denn es gab eine Menge älterer Bezüge zwischen Westfalen und der nördlichen Rheinprovinz. Am schwersten wog das Bindeglied Ruhrgebiet, das seit der Mitte des 19. Jahrhunderts gewachsene rheinisch-westfälische Industriegebiet mit seinen Bergwerken, Stahlhütten, Walzwerken, Maschinenfabriken und Kraftwerken. Dazu die

S. 36/37:
Rückseite des nationalen Pathos:
Hermannsdenkmal bei Detmold.

gewaltige Infrastruktur von Kanälen und Eisenbahnen. Schon seit Jahrzehnten waren die Rheinprovinz und die Provinz Westfalen gezwungen, in vielen praktischen Fragen gemeinsame Lösungen zu finden, denn ihre Grenze verlief mitten durch das Revier. Es war letztlich nicht entscheidend, ob Essen zur Rheinprovinz gehörte und Dortmund zu Westfalen. Beide verdienten ihr Geld mit Kohle und Stahl. Die Interessenverbände des Ruhrgebiets organisierten sich provinzübergreifend. Das rheinische Düsseldorf entwickelte sich zur Bankenstadt und zum Standort von Unternehmenszentralen auch für das westfälische Ruhrgebiet.

Auch wenn es die Briten waren, die beide Territorien zusammenfügten, so standen die deutschen Geografen, Raumplaner und Verwaltungsbeamten Pate, die in den 1920er-Jahren Planspiele für die Reichsreform entworfen hatten, mit der Preußen aufgeteilt werden sollte. Das Land galt als zu groß, und sein Gewicht störte den ohnehin schwach ausgeprägten Föderalismus der Weimarer Republik. Politiker aus der Region vermittelten diese Idee. Mit Blick auf das Ruhrgebiet lagen solche Gedanken schon vor 1933 auf der Hand.

Nordrhein-Westfalen lebt also in jeder Hinsicht das Erbe Preußens. Es macht es seinen Bürgern leicht, Nordrhein-Westfale zu sein, denn es fordert nicht sehr viel. Jeder darf sich hier wohlfühlen, auch wenn er die örtlichen Mundarten nicht spricht, seinen eigenen Glauben pflegt oder aus einem Land kommt, das nicht Deutschland heißt. Das sind ideale Startbedingungen in einer Welt, die sich aufmacht, Grenzen zu überwinden, sich zu europäisieren und zu globalisieren.

NACH 1945

Das neue Land florierte beinahe von Anfang an. Der Wiederaufbau kam an Rhein und Ruhr besonders rasch in Gang, weil die Montanindustrie als erstes von den Investitionen in das zerstörte Land profitierte. Ohne die Ruhrregion und ihr enormes wirtschaftliches Potenzial würde Europa sich nicht erholen, hatten die Briten nüchtern festgestellt. Anfang der 1950er-Jahre spielte das Ruhrgebiet eine entscheidende Rolle bei der ersten zaghaften europäischen Zusammenarbeit in der Europäischen Gemeinschaft für Kohle und Stahl, auch als Montanunion bekannt. Aus ihr sollte sich später die Europäische Union entwickeln. Das neue Land mitten in Europa entfaltete früh große Wirkung.

Die ersten großen Konjunkturen der Nachkriegszeit erfassten Nordrhein-Westfalen direkt. Das brachte früh einen kleinen Wohlstand in das Land, in dem der Gelsenkirchener Barock entstand, weil sich die Bergleute wieder Möbel leisten konnten, während man andernorts noch in

Baracken hauste. Das Land öffnete sich verspätet, aber dann mit großem Engagement für die Vertriebenen und Flüchtlinge, die in großer Zahl aus Norddeutschland und anderen Regionen hierher umsiedelten, weil es Wohnung und Arbeit gab. Sie wurden dringend gebraucht, um den Aufschwung voranzutreiben. Der Arbeitskräftebedarf führte schon ab Mitte der 1950er-Jahre zur ersten Anwerbung von Gastarbeitern meist aus Südeuropa.

Die Landespolitik erwies sich als stabil. Darüber hatte man sich zunächst Sorgen gemacht, denn die Kommunisten waren stark in einigen Regionen. Der Kalte Krieg wirkte bis tief in die regionale Politik. Anfangs überwog in der politischen Landschaft das konfessionelle Element, denn neben der neuen überkonfessionellen CDU blieb die katholische Zentrumspartei zunächst so mächtig wie sonst nirgends in Deutschland. In den ersten Jahren regierte die CDU. Die SPD fasste erst in den 1960er-Jahren in der Arbeiterschaft Fuß. Ein parteiübergreifender Grundzug der Landespolitik ließ sich jedoch bereits zu Beginn beobachten: Der soziale Ausgleich spielte eine zentrale Rolle. Er steht an prominenter Stelle in der Landesverfassung, und der erste gewählte Ministerpräsident Karl Arnold postulierte, Nordrhein-Westfalen sei „das soziale Gewissen Deutschlands". Damit setzte er den Ton, der bis heute gilt. Er stellte auch bereits damals fest: „Wir leben aus der Vielfalt. Wir sind kein Einheitsbrei. Die Vielfalt macht stark und gibt uns geistige Kräfte."

Der CDU-Politiker stammte aus der katholischen Arbeiterbewegung. Sozialdemokraten wie Heinz Kühn und Johannes Rau haben das später aufgegriffen und auf ihre Weise mit Leben gefüllt. Der Geist des Interessenausgleichs zwischen Kapital und Arbeit brachte den sogenannten Rheinischen Kapitalismus hervor, ein Fundament der sozialen Marktwirtschaft. Auf dieser Grundlage entwickelten Unternehmer und Gewerkschaften die Montanmitbestimmung und suchten die Kooperation. Es entstand ein System des Gebens und Nehmens zum Vorteil beider Seiten. Lange Jahre stabilisierte dieses Miteinander Deutschland und seine Wirtschaft.

Zwar spielte bei der Vergabe von Ämtern und Posten der landsmannschaftliche Proporz in allen Parteien und auf allen Ebenen von Politik und Verwaltung eine wichtige Rolle. Bekam ein Westfale ein Amt, dann musste der nächste ein Rheinländer sein. Wer wen übertrumpfte, war oft Gegenstand heftiger Machtkämpfe und engagierter Diskussionen. Doch damit unterschied man sich in keiner Weise von anderen Ländern. Die beiden großen Pole Westfalen und Rheinland standen sich gegenüber und strebten nach Ausgleich. Auch Lippe forderte immer seinen Anteil. Das ging selten ohne Schmerzen, am Ende aber immer als Kompromiss über die Bühne.

Zunächst standen ganz praktische Fragen wie Wohnraum, Aufbau und Versorgung im Mittelpunkt der Landespolitik. Es dauerte gut zehn Jahre, bis die politischen Eliten Zeit fanden, um die fehlende innere Landesgründung zu problematisieren. Der vierte Ministerpräsident Nordrhein-

Westfalens, Franz Meyers, unternahm einen ersten Anlauf, um wenigstens auf der symbolischen Ebene für mehr Landesbewusstsein zu sorgen. Er hatte 1953 als Innenminister das kleine Landeswappen eingeführt, 1957 Adenauers erfolgreichsten Wahlkampf organisiert und verstand etwas von solchen Dingen. Doch sein Erfolg blieb überschaubar. Unter dem Spott seiner Zeitgenossen bemühte sich Meyers 1960 vergeblich, ein großes Landeswappen einzuführen, das heraldisch den verblichenen Territorien des alten Reiches huldigen sollte. Auch einen Orden für besondere Verdienste, eine Hymne und ein Staatstheater hätte er gern gehabt. Die Hauptstadt Düsseldorf sollte mehr werden als der Laufsteg für das Wirtschaftswunder, ein wenig Repräsentation und Glanz für das junge, selbstbewusste Land schwebten ihm vor. Man war schließlich wieder wer.

Die meisten Bundesländer hatten selbstverständlich keine offizielle Hymne. Und auch Nordrhein-Westfalen bekam keine. Meyers brach das Vorhaben ab, nachdem niemand seine Idee aufgreifen wollte. Erst 2006, zum 60. Geburtstag des Landes, schrieb die Kölner Band Bläck Fööss ein „Lied für NRW“. Darin heißt es: „Hier an Rhein und Ruhr und in Westfalen, an Sieg und Ems, im Lipperland“, was das Bemühen erkennen lässt, möglichst viel Geografie auf wenig Raum unterzubringen. Gesungen wird es eher selten.

Die Bevölkerung ließ sich in den 1960er-Jahren kaum für diese Themen gewinnen. Das Land war immer noch dabei, sich neu zu formieren. Und warum sollten sich die vielen Preußen, die als Flüchtlinge in den Westen gekommen waren, für die Feinheiten landsmannschaftlicher Zwistigkeiten zwischen Rheinländern und Westfalen interessieren? Für Hymnisches über Westfalen oder die Schönheit des Rheins? Das Verhältnis der Nordrhein-Westfalen zu ihrem Land und zu sich selbst blieb einstweilen sachlich. Eine von Meyers‘ Initiativen indes entwickelte sich zu einem echten Erfolg: Der Ankauf von 88 Werken Paul Klees bildete den Grundstock für eine bedeutende Kunstsammlung, die dem Land ein eigenes Kunstmuseum in Düsseldorf verschaffte, so wie es die einst dynastisch geführten Länder Hessen-Kassel, Bayern oder Württemberg natürlich schon lange hatten.

Und noch ein Schritt hin zu einer stärkeren Integration des Landes gelang in den ersten Jahren. Am 1. Januar 1956 bekam Nordrhein-Westfalen einen eigenen Sender. 1945 hatten die Briten für ihre gesamte Besatzungszone eine öffentlich-rechtliche Rundfunkanstalt ins Leben gerufen und diesen Nordwestdeutschen Rundfunk (NWDR) in Hamburg angesiedelt. Schon seit den 1920er-Jahren gab es Rundfunkprogramme für Rheinland-Westfalen mit Sender auf dem Langenberg. 1955 gliederte Nordrhein-Westfalen den Westdeutschen Rundfunk (WDR) aus dem NWDR aus und machte das Kölner Funkhaus zur Zentrale einer neuen Rundfunkanstalt. Damit war einer der ganz großen Sender der jungen Republik entstanden und ein wichtiger Faktor für den Zusammenhalt des Landes. Das ist nicht überall so. Nur Hessen, Bayern, das Saarland und Bremen haben heute noch eigene Landessendeanstalten. Medienpolitik ist damit Sache des Landes und nicht wie beim NDR eine Frage, die vier Länder miteinander koordinieren müssen.

Der WDR vermittelte über seine Informations- und Unterhaltungssendungen im Hörfunk und später auch im Fernsehen schon früh ein Bild des Landes, der Menschen und der Landespolitik. Und sei es nur, dass der Wetterbericht eben für alle Regionen zwischen Rhein und Weser galt. Während das Radio bis heute landesweite Programme anbietet, hat das Regionalfernsehen des WDR die kleineren Einheiten entdeckt und ist mit Nachrichtensendungen aus Lokalstudios erfolgreich. Die landesweiten Informationssendungen kommen hinzu.

Die Landesregierungen setzten nach 1946 fort, was seit jeher nötig war, um ein Land zu entwickeln und zu integrieren: Sie investierten in die Infrastruktur, bauten Bundesstraßen und Autobahnen, schlugen Brücken über Täler und Flüsse, erweiterten Kanäle, Häfen und Schienenstränge. Nach und nach bekamen auch die eher ungünstig und verkehrsfern gelegenen Regionen Anschluss an die Zentren. Ein Land, das mitten in Europa liegt, braucht solche Verbindungen. Autobahnen erschlossen die Eifel, das Sauer- und Siegerland, den Niederrhein und Ostwestfalen. Die Verbindungen nach Belgien und in die Niederlande, die großen Trassen durch das Ruhrgebiet brachten neue wirtschaftliche Möglichkeiten. Was bei den Straßen gut gelang, wurde auf der Schiene vernachlässigt. Bis heute nutzt der Bahnverkehr überwiegend die Trassen des 19. Jahrhunderts. Bei den Schnellfahrstrecken hinkt Nordrhein-Westfalen anderen Bundesländern hinterher.

Seit Anfang der 1960er-Jahre entstanden neue Hochschulen und Universitäten – auch und besonders an der Ruhr, in Ost- und Südwestfalen. Denn es zeichnete sich ab, dass die Ruhrindustrie, die so viele Jahrzehnte Wohlstand, ja Reichtum gebracht hatte, an ihre Grenzen stieß und in die Krise rutschte. Man produzierte einfach zu teuer und mit zu vielen Arbeitskräften. Nur gute Bildung bot eine Perspektive. Die Kinder der Bergleute sollten die gleichen Chancen bekommen wie der Nachwuchs der Bildungsbürger am Rhein. Bereits Franz Meyers begann diese Politik, die dann die SPD-Ministerpräsidenten Heinz Kühn und später Johannes Rau konsequent fortführten. Den Anfang machten die Neugründung der Ruhruniversität in Bochum und die Umwandlung der Medizinischen Akademie in Düsseldorf zur Universität. Später kamen Hochschulen in Bielefeld, Dortmund, Paderborn und Siegen hinzu, um nur einige zu nennen. Hagen leistete Pionierarbeit als Fernuniversität für alle, die neben der Arbeit eine Ausbildung machen wollten oder mussten. Der Hochschulausbau war Teil der Strukturpolitik.

NORDRHEIN-WESTFALEN UND DER BUND

Das wirtschaftskräftige und rasch wohlhabende Restpreußen im Westen gewann sofort entscheidendes Gewicht im Land. Einer gewitzten Landesregierung gelang es im Zusammenspiel mit Konrad Adenauer 1949, Bonn zur Hauptstadt des neuen deutschen Staates im Westen zu machen. Frankfurt lag zunächst deutlich besser im Rennen als die unscheinbare Universitätsstadt am Rhein. Doch der Coup glückte und belegte früh die politische Schlagkraft des neuen Bundeslandes. Die Landesregierungen, ganz gleich welcher Farbe, positionierten sich häufig gegen die Politik, die aus Bonn und später aus Berlin kam. Ein Ministerpräsident von Nordrhein-Westfalen musste immer auch in der Lage sein, im Bund Verantwortung zu übernehmen, ja eine Art Ersatzkanzler darzustellen. Schließlich war man das mit Abstand größte und wirtschaftlich stärkste Land der Republik. Dass dieser Sprung nur selten gelang, steht auf einem anderen Blatt. Ein Mangel an Selbstbewusstsein galt jedenfalls als großer Fehler. Schon die potenzielle Möglichkeit einer nordrhein-westfälischen Einflussnahme lenkte die Politik der Bundesregierung.

Im Bundesrat übernahm das Land schon früh eine Führungsrolle und war neben Bayern der zweite große Akteur, wenn es galt, den Föderalismus und die Rechte der Länder zu verteidigen. Ob Schulpolitik oder Finanzpolitik – Bayern und Nordrhein-Westfalen waren jahrzehntelang die beiden entscheidenden Pole: Einigten sich die beiden auf Projekte und Reformen, blieb den übrigen Ländern kaum eine andere Wahl, als mitzuziehen. In den fast 39 Jahren, in denen Nordrhein-Westfalen ohne Unterbrechung SPD-geführt war und in Bayern die CSU regierte, bildeten die beiden Länder die Spitzen der jeweiligen politischen Richtung in der Länderkammer. Es war mehr als Symbolik, dass die Vertretung Nordrhein-Westfalens in Bonn nicht nur direkt neben dem Kanzleramt residierte, sondern sogar in besserer Lage, nämlich mit Blick auf den Rhein. Nordrhein-Westfalen war schließlich schon da, als der Bund gegründet wurde.

Macht entwickelte das Land auch im Vorfeld des Regierens. Alle Parteien, alle Verbände – mit Ausnahme vielleicht der Landwirtschaft – mussten immer mit dem Faktor Nordrhein-Westfalen rechnen. Wahlen auf Verbands- oder Parteitagen fielen nur dann in gewünschter Weise aus, wenn die stets große Zahl der Delegierten aus Nordrhein-Westfalen mitzog. Wer im Land über eine Hausmacht verfügte, kam daher bei geschickter Regie immer auch im Bund zurecht. Adenauer bekam das als Bundeskanzler zu spüren, als Ministerpräsident Karl Arnold einen deutlichen Linkskurs in der CDU einforderte. Koalitionsfragen in Nordrhein-Westfalen beschäftigten zumeist wenig später auch den Bundestag und brachten die Verhältnisse in Bonn in Bewegung. Der Wechsel zu einer sozialliberalen Bundesregierung 1969 hatte seine Wurzeln in Düsseldorf. Johannes Raus Erfolg lässt sich teilweise mit dem Gegensatz zu Helmut Kohl erklären, dessen Politik ihm stets als Negativbeispiel diente. Wenn Kohl spaltete, glänzte Rau als Versöhner. War die Opposition im Bundestag schwach, sprang die Landesregierung mit einem eigenen Konzept ein. Kanzler Gerhard Schröder löste 2005 Neuwahlen aus, nachdem die SPD die Landtagswahl in Nordrhein-Westfalen verloren hatte, denn ohne diese Stütze war er nicht mehr stark genug.

DIE SPD UND DIE ÄRA RAU

Von 1966 bis 2005 stellte die SPD den Ministerpräsidenten des Landes, meist in Koalitionsregierungen, anfangs mit der FDP, dann einige Jahre gestützt auf eine absolute Mehrheit, später mit den Grünen. Heinz Kühn legte den Grundstein für die Modernisierung des Landes in den 1960er- und 1970er-Jahren. Der Ausbau der Hochschulen und der Infrastruktur sowie eine Verwaltungsreform sind vor allem sein Werk. Nach ihm kam mit Johannes Rau eine der wohl prägendsten Gestalten der Landespolitik. Unter seiner Führung entstand ein Bild von Nordrhein-Westfalen, das bis heute fortwirkt.

Als Sohn eines evangelischen Predigers 1931 in Wuppertal geboren, lernte Rau den Beruf des Buchhändlers, arbeitete als Verleger und fand über die Gesamtdeutsche Volkspartei Gustav Heinemanns zur SPD. Er war ein begabter junger Mann, der von der Kommunalpolitik in seiner Heimatstadt in die Landespolitik wechselte – zunächst als Landtagsabgeordneter und dann als Wissenschaftsminister, bevor er 1978 zum Ministerpräsidenten gewählt wurde. Er regierte beinahe 20 Jahre lang und holte für die SPD und seine Politik drei Mal die absolute Mehrheit bei den Landtagswahlen.

Nordrhein-Westfalen galt vielen deshalb als sozialdemokratisches Musterland von Kohle und Stahl, obwohl es das in dieser Klarheit nie war. Bis in die 1960er-Jahre dominierte eher die CDU, und Kohle und Stahl erlebten just in dieser sozialdemokratischen Ära den Beginn ihres rapiden Niedergangs, während andere Wirtschaftszweige an Bedeutung gewannen. Der grundlegende Strukturwandel dieser Jahre war vor allem an der Ruhr von einer nostalgischen Grundstimmung begleitet. Und die SPD fand für diese Stimmung die passende Kommunikation und das richtige Personal. „Wir in Nordrhein-Westfalen“ überdeckte, was alles nicht mehr funktionierte oder mit sehr viel Geld künstlich am Leben gehalten wurde. Den passenden Soundtrack lieferte Herbert Grönemeyer mit seinem Album „4630 Bochum“, das im Mai 1984 erschien. Der titelgebende Song enthält die berühmten Zeilen: „Tief im Westen, wo die Sonne verstaubt, ist es besser, viel besser, als man glaubt“.

Johannes Rau war ein Kommunikationstalent. Er gab den Menschen gleich welcher Herkunft das gute Gefühl, ernst- und angenommen zu werden. Legendär ist sein Motto: „Versöhnen statt spalten“, das aus dem Wahlkampf 1987 stammte. Es begleitete ihn weiter. „Versöhnen statt spalten, den Anstand wahren, Zusammenführen und den Grenzen ihren trennenden Charakter nehmen, Gräben zuschütten – bleibt meine Lebensmelodie.“ Dies sagte er im November 1998, nachdem er für das Amt des Bundespräsidenten nominiert war. Es bündelt aber auch seinen Politikstil im Land, ebenso wie sein Credo: „Auftrag der Politik ist es, die Welt menschlicher zu machen, nicht unmenschlicher.“

In seiner Zeit als Ministerpräsident war die größte Herausforderung der endgültige wirtschaftliche Niedergang des Ruhrgebiets. Kohle und Stahl aus deutscher Produktion waren zu teuer und auf dem Weltmarkt nicht mehr konkurrenzfähig. Immer mehr Zechen schlossen, immer mehr Stahlhütten gerieten in wirtschaftliche Not, und im Revier mit seiner einseitigen Wirtschaftsstruktur machte sich Unruhe in der Bevölkerung breit. Die Gegenmaßnahmen in Bildung und Kultur waren langfristig angelegt, doch die Arbeitsplätze brachen in schnellen Schritten weg. Dem Land ging quasi seine Mitte verloren, die Klammer zwischen dem Rheinland und Westfalen, der wichtigste Grund, warum es das Bundesland überhaupt gab.

In der zeitgenössischen Sicht dominierte ein fast sentimentales Verhältnis zu dieser Welt der schweren Arbeit, dem rauchenden Pott, dem Revier, der Solidarität der Menschen unter und über Tage. Während der Untergang der Textilindustrie am Niederrhein und in Ostwestfalen weitgehend hingenommen wurde, konzentrierte man sich noch einmal mit aller Kraft auf Kohle, Stahl und das Ruhrgebiet. Rau setzte auf eine soziale Abfederung des Niedergangs. Briten, Belgier und Franzosen kämpften in ihren Montanregionen ebenfalls mit dem Strukturwandel. Doch nirgends in Europa gelang dieser Prozess so gut wie in Nordrhein-Westfalen – bei erheblichen Folgekosten für die gesamte deutsche Gesellschaft. Aufhalten ließ er sich nicht, auch wenn man das phasenweise hoffte. Die Arbeitslosenzahlen stiegen unaufhaltsam, ganze Wohnviertel verfielen, der Umbau der alten Industriegebiete, der Abriss gewaltiger Zechen, Kraftwerke und Hochöfen gaben einer gewachsenen Heimat ein komplett neues Bild, mit dem die Menschen vielfach fremdelten. Der blaue Himmel über der Ruhr, den Willy Brandt schon 1961 werbewirksam im Wahlkampf versprochen hatte, gelang nicht nur durch den frühen Einstieg des Landes in die Umweltpolitik, sondern vor allem durch das Ende dieser Industrie, die seit Mitte des 19. Jahrhunderts prägend gewesen war.

Alternativen waren schwer zu finden, denn an der Ruhr fehlte, was es andernorts in Nordrhein-Westfalen in reichem Maße gab: eine mittelständische Wirtschaft, innovative kleine Betriebe, eine hochspezialisierte Industrie, die für den Weltmarkt arbeitete, Dienstleistungsbranchen und gut ausgebildete, unternehmerisch denkende Menschen. Der nostalgische Blick auf Vergangenheit und Gegenwart gab den Menschen zwar Selbstbewusstsein, half jedoch für die Zukunft wenig. Rau setzte fort, was bereits unter seinen Vorgängern begonnen wurde: Er baute Bildungsmöglichkeiten aus, förderte die Neuansiedlung von Betrieben aus anderen Branchen, bemühte sich um die konkrete Umnutzung der riesigen alten Anlagen und machte aus den Resten der Industrie eine Art Freilichtmuseum. Unendliche Mengen Geld flossen in den Fortbestand längst überlebter Betriebe. Der Abschied fiel schwer. Weil man sich so lange an Überlebtes klammerte, gerieten die Chancen an anderen Stellen des Landes nur mühsam in den Blick.

Ein enges Bündnis zwischen Landesregierung, Landesverwaltung, SPD, Gewerkschaften und sozialdemokratisch regierten Kommunen prägte das Bild und die Entwicklung Nordrhein-Westfalens in jenen Jahren. Die Verfilzungen führten zu einer Reihe von Skandalen. Johannes Rau gelang nach gescheiterten Kandidaturen als Bundeskanzler 1987 und als Bundespräsident 1994 am Ende seines politischen Lebens 1999 doch noch der Sprung ins Bundespräsidialamt nach Berlin. Auch dort blieb er dem treu, was seine Politik in Nordrhein-Westfalen bestimmt hatte: „Wir aber wollen ein Volk von guten Nachbarn sein, in Europa und der Welt", sagte er in einer seiner zentralen Reden. Nach Heinrich Lübke, Gustav Heinemann und Walter Scheel war er der vierte Nordrhein-Westfale als Bundespräsident. Frank-Walter Steinmeier folgte später als fünfter.

Der erst schleichende und dann galoppierende Strukturwandel just dort, wo das Herz des Landes seit dem 19. Jahrhundert geschlagen hatte, wirkte sich auf das Selbstbewusstsein Nordrhein-Westfalens aus. Seine Kraft und seine Bedeutung standen auf tönernen Füßen. Während Bayern und Baden-Württemberg – die ewigen Konkurrenten – in diesen Jahren einen steilen Aufstieg erlebten, krankte das große Land im Westen an seiner Monostruktur. Einst selbstverständlich Geber beim Länderfinanzausgleich, wandelte es sich zum Empfänger. Das Selbstbewusstsein der Süddeutschen wuchs, Nordrhein-Westfalen hing an seiner Vergangenheit. Vielleicht liegt da eine Wurzel des komplexbeladenen Selbstbildes. Nach Johannes Rau beschäftigten sich fünf weitere Ministerpräsidenten mit diesen Fragen. Wolfgang Clement (SPD) fuhr einen beinahe radikalen Modernisierungskurs und schnitt die alten Zöpfe der Ära Rau einfach ab. Peer Steinbrück (SPD) setzte diesen Kurs fort und rang um eine Modernisierung, die das Land lange verpasst hatte. Dann verlor die SPD die Wahl, und Jürgen Rüttgers (CDU) legte den politischen Schwerpunkt auf Bildung, Forschung und Wissenschaft. Als erste Frau in der Staatskanzlei suchte Hannelore Kraft (SPD) den Mittelweg zwischen sozialpolitischen Verheißungen wie in der Ära Rau und notwendigen Anpassungen an sinkende Steuern und einen rapiden wirtschaftlichen und gesellschaftlichen Wandel. Für Armin Laschet (CDU) erwies sich der Ausstieg aus der Braunkohle als große strukturpolitische Herausforderung. Das Erbe der Schwerindustrie prägt das Land noch auf Jahrzehnte.

Dank all dieser Wandlungen verfügt Nordrhein-Westfalen über eine erhebliche Kompetenz in Sachen Strukturwandel. Auch wenn an der Ruhr nicht alles gelang und der Verfall mancher Städte nur aufgehalten, aber nicht verhindert werden konnte, blieb das Land wirtschaftlich in der ersten Liga. Es entwickelten sich seit den 1950er-Jahren andere Branchen und Zentren – meist ohne Zutun der Politik, dank seiner bevorzugten Lage im Westen Europas: Entlang des Rheins nahm die Dienstleistungsbranche einen enormen Aufschwung. Ein gutes Beispiel dafür ist die Telekommunikation, deren führende Vertreter Vodafone und Deutsche Telekom in Düsseldorf und Bonn sitzen. Köln wurde, wie auch Düsseldorf, zu einem wichtigen Standort von Versicherungen, Banken, Beratungsgesellschaften, Verlagen, Medienunternehmen und Werbeagenturen. Die Logistik nahm mit der Deutschen Post, den beiden großen Flughäfen des Landes in Düsseldorf und Köln/Bonn, den Duisburg-Ruhrorter Häfen und dem Containerbahnhof Köln-Eifeltor einen gewaltigen Aufschwung. Die Chemieindustrie am Rhein erarbeitete sich immer neue Rekorde. Das Siegerland baute seine Position als Standort für Maschinenbau und kleine Industriebetriebe aus, die in ihren speziellen Segmenten Weltmarktführer sind. Der Bonner Betriebswirt Hermann Simon prägte für diese Unternehmen den Begriff „Hidden Champions“, weil sie kaum jemand kennt, ihre Produkte aber höchstes Niveau erreichen. Rund 150 dieser „heimlichen Gewinner“ gibt es in Nordrhein-Westfalen. Im Sauerland oder in Wittgenstein entwickelten sich ähnliche Strukturen. In Ostwestfalen florierten der Maschinenbau und die Möbelindustrie, in Paderborn war die Firma Nixdorf ein Pionier der Digitalisierung. Selbst traditionelle Branchen wie die Landwirtschaft und die Lebensmittelindustrie modernisierten sich rasch und schufen in Westfalen viele neue Arbeitsplätze. Die Automobilzulieferer spielten überall eine große Rolle und stellten sich den Herausforderungen des Wechsels zur E-Mobilität. Diese Erfolge blieben angesichts des vorherrschenden Bildes von Tristesse und Maloche im Revier seltsam unterbelichtet. Nordrhein-Westfalen verpasste ganz offenbar eine Chance, an seinem eigenen Bild zu arbeiten, das immer moderner war, als es den Anschein hatte.

Lässt man Kohle und Stahl einmal beiseite, dann fällt auf, dass sich die nordrhein-westfälische Wirtschaft stark am Geschmack und an den Bedürfnissen der breiten Bevölkerung orientiert: Aldi-Nord und Aldi-Süd, die den Lebensmittelhandel revolutionierten, sind aus Mülheim und Essen. Dort ist auch der Sitz des fusionierten Warenhauskonzerns Galeria Karstadt-Kaufhof. Metro hat seine Zentrale in Düsseldorf und Rewe seine in Köln. In Düsseldorf ist der Chemiekonzern Henkel zu Hause, der Kosmetik, Körperpflege, Waschmittel und Klebstoff für Endverbraucher produziert. Auch die Süßwarenhersteller Haribo und Katjes und der Lebensmittelkonzern Dr. Oetker sind aus Nordrhein-Westfalen. Bertelsmann aus Gütersloh versorgt Deutschland und die Welt mit Büchern, Zeitschriften und digitalen Medien. In Ostwestfalen baut Miele weltweit begehrte Waschmaschinen und Geschirrspüler. In Leverkusen erfand Bayer das Aspirin. Alle Welt schickt Pakete mit DHL Deutsche Post: Rund fünf Prozent der weltweiten Warenströme wickelt der Konzern aus Bonn ab. Landmaschinen kommen von der Firma Claas in Harsewinkel, und in Wuppertal baut Vorwerk den Thermomix und den Staubsauger „Kobold", begleitet von geschicktem Marketing.

Wie ist dieser Erfolg möglich? Das Land mit seinen großen Metropolen und guten Verkehrsverbindungen ist für Fachkräfte aus aller Welt attraktiv. Kein Unternehmen muss befürchten, hier nicht das richtige Personal zu finden. Die Vielfalt und besondere Weltoffenheit, die sich sogar in sozialwissenschaftlichen Studien nachweisen lassen, machen es Menschen leicht, nach Nordrhein-Westfalen zu kommen, hier ihr Geld zu verdienen und sich mit ihren Familien wohl zu fühlen. Diese Erfolge beruhen auch auf Wissenschaft und Forschung in einer hochdynamischen, international verflochtenen Region. Das Land hat den Strukturwandel immer mit Investitionen in Hochschulen und Forschung begleitet. Bonn bekam als Ausgleich für den Verlust der Regierungsfunktionen auch große Forschungseinrichtungen, die in der Medizin und vielen anderen Bereichen erfolgreich sind. Mit den Bundesbehörden für Cybersicherheit, Bundeswehr, Deutsche Post, Telekom und Forschungsinstituten ist die Stadt außerdem ein wichtiger Digitalstandort. Die Rheinisch-Westfälische Technische Hochschule (RWTH) in Aachen zählt seit jeher zu den bedeutendsten Bildungs- und Forschungseinrichtungen Europas. Auch kleinere Standorte wie Siegen oder Paderborn profitierten von Investitionen in Bildung. In Jülich wandelte sich die 1956 vom Land gegründete „Atomforschungsanlage" zu einem Forschungszentrum, das Schlüsseltechnologien für die Zukunft erforscht.

Am Ende war das Land trotz all seiner kriselnden Branchen recht erfolgreich bei den Häutungen seiner Wirtschaft. Die drei großen Trends Globalisierung, Digitalisierung und Klimawandel werden die weitere Entwicklung bestimmen. Weil es hier Unternehmen gibt, die von der Globalisierung profitieren, sie sogar erfolgreich vorantreiben, sind die Aussichten alles andere als düster. Auch wesentliche Akteure der technischen Entwicklung sind hier zu Hause. Daran lässt sich anknüpfen. Doch sind große Herausforderungen noch nicht bewältigt: Der Einzelhandel steht ebenso vor maßgeblichen Veränderungen wie die Banken und mit ihnen die Städte und Kommunen. Das klimapolitisch unvermeidbare Ende der Braunkohle zeigt, wie tief dieser Wandel immer noch in die gewachsenen Strukturen eingreift und wie schwer es dem Land fällt, Abschied zu nehmen von Branchen, die es einst wohlhabend und groß machten. Strukturwandel bleibt eine Daueraufgabe.

Was das Land sonst noch zusammenhält? Die Kultur ist sicherlich ein ganz entscheidendes Feld. Aber sie ist in ihren bedeutenden Teilen kaum spezifisch nordrhein-westfälisch. Ludwig van Beethoven, Joseph Beuys, Heinrich Böll, Heinrich Heine, Pina Bausch oder Annette von Droste-Hülshoff, Clara Schumann, Jaques Offenbach oder Gerhard Richter sind sicherlich fest mit Orten im Land verbunden, aber ihre Musik, Choreografien, Texte und Bilder haben eine Bedeutung weit über ihre engere Heimat hinaus. Wichtiger als ihre Herkunft ist die Tatsache, dass ihr Werk in Nordrhein-Westfalen präsent ist und auf vielerlei Weise gepflegt wird – durch Orchester, Museen und Gedenkstätten, in Aufführungen und Ausstellungen. Das Ruhrgebiet hat sich durch kulturelle Aktivitäten, Ausstellungen, Festivals wie die Ruhrtriennale oder die Kulturhauptstadt Europas 2010 ein neues Bild von sich gegeben. Neben den großen privaten und öffentlichen Kunstsammlungen in Bonn, Köln und Düsseldorf sind es all diese kulturellen Einrichtungen, die dem Land Kontur geben, auch wenn die Initiatoren dabei gar nicht an Nordrhein-Westfalen denken, sondern an ihre engere Heimat. Sie stärken ein Wir-Gefühl und geben dem öffentlichen Leben einen kulturellen Sinn.

Zu reden wäre auch noch über Fußball, der so viele erfolgreiche Vereine hervorgebracht hat wie nirgendwo sonst in Deutschland und auf eine lange und vielfältige Tradition zurückschauen kann. Es ist kein Wunder, dass das Deutsche Fußballmuseum in Dortmund steht, denn gerade das Ruhrgebiet war und ist Heimat vieler bedeutender Vereine, deren Stern bei den Fans nicht sinkt, auch wenn der sportliche Erfolg ausbleibt. Ostwestfalen hat mit Bielefeld und Paderborn in den vergangenen Jahren aufgeholt. Nicht zu vergessen sind Volksfeste wie Pützchens Markt in Bonn, die Cranger Kirmes in Herne oder die Rheinkirmes in Düsseldorf, der Karneval am Rhein und die Schützenfeste in Westfalen. Die Stars der „Tatort"-Folgen aus Duisburg, Köln oder Münster haben mehr für die Identität des Landes getan, als jede Landtagssitzung leisten könnte. Seit 2006 gibt es mit dem „Nordrhein-Westfalen-Tag" ein Landesfest zur Stärkung des Gemeinsinns, das alle zwei Jahre an wechselnden Orten stattfindet. Jürgen Rüttgers rief den Tag ins Leben, analog zu Veranstaltungen in Hessen oder Niedersachsen. Seit Jahren plant das Land ein eigenes Museum zur Geschichte Nordrhein-Westfalens. Vielleicht wäre es ein Schlussstein für die Identitätsdebatte. Vielleicht kann auch dieses Buch, das von der Landeszentrale für politische Bildung, namentlich von Dr. Guido Hitze und Prof. Dr. Andreas Kost, auf den Weg gebracht und begleitet wurde, einen kleinen Beitrag dazu leisten.

EIN KLEINER BLICK NACH VORN

Wie passen das Land und die Menschen, die in ihm leben, zusammen? Geht das eine womöglich aus dem anderen hervor, gleichsam wie von selbst? Wie tief verwurzelt ist Trennendes, wie tief reicht Verbindendes, und was sind die Traditionen? Auf diese Fragen gibt es viele Antworten und am Ende keine allgemein verbindliche. Die Menschen im Land bringen alle ihre eigene Geschichte mit und machen sich ihre eigenen Gedanken zu den Fragen, die Historiker, Volkskundler, Soziologen oder Sprachwissenschaftler beschäftigen: die Gegensätze von Rheinländern, Lippern und Westfalen zum Beispiel oder angeblich uralte Sprachgrenzen, unterschiedliche landsmannschaftliche Mentalitäten und Verhaltensweisen. Über ein paar dieser Fragen lohnt sich das Nachdenken.

All diese Dinge waren immer in Bewegung, in den zurückliegenden Jahrzehnten vielleicht noch mehr als im ohnehin schon unruhigen 19. Jahrhundert. Was mancher für festgefügt und ewig gültig hält, ist oft nur für einen kurzen, bestenfalls etwas längeren Moment bedeutsam. Was den Menschen Sinn gibt, woran ihr Herz hängt, was ihre Identität und damit auch ihr Handeln bestimmt, unterliegt dem ständigen Wandel. Heimat ist dafür ein schöner Begriff, denn jeder füllt ihn auf ganz eigene Weise. Es ist daher verfehlt, über die kollektiven Stimmungs- und Gefühlslagen eines Menschenschlags nachzusinnen, der sich zufällig in den Grenzen eines historisch entstandenen Landes aufhält. In Nordrhein-Westfalen macht es überhaupt keinen Sinn, denn hier ist eigentlich nichts festgefügt und alt. Das genau ist die Identität des Landes.

Hier muss niemand Dialekt sprechen, um dazuzugehören. Die Menschen dürfen glauben, was sie wollen; sie finden immer andere, die so denken wie sie und die vielleicht zufällig noch aus der gleichen Weltecke kommen. Die historischen, räumlichen oder durch Herkunft formierten Identitäten verlieren an Bedeutung – soweit sie diese überhaupt je hatten. Die Menschen sind mobil: Der ländliche Raum leert sich, die Städte wachsen. Umzüge und Arbeitsplatzwechsel sind die Regel, das Pendeln zur Arbeit ist der Normalfall. Verwurzelung ist da kaum zu erwarten.

Es drängen neue Identifikationsangebote nach vorne. Wer aus anderen Kulturen stammt und nicht in Nordrhein-Westfalen, vielleicht auch nicht in Deutschland aufgewachsen ist, wird Schützenfeste oder Karneval vielleicht mit Befremden wahrnehmen. Er geht auch nicht in einen Heimatverein oder den Rotary-Club, wo sich die örtlichen Eliten treffen. Er bringt seine Religion mit oder hat vielleicht gar keine. Neue Identitäten rücken sexuelle Orientierung, Hautfarbe oder Herkunft in den Mittelpunkt, auch wenn man dies überwunden glaubte. Eine neue Identitätspolitik zieht herauf mit all den Fehlern und Irrtümern, die ältere Debatten um stereotype Zuschreibungen bereits zeigten. Aber sie sind da, und sie überlagern, was für ewig gültig gehalten wurde: zum Beispiel regionale Identitäten.

Hinzu kommt eine politische Entwicklung. In der Corona-Pandemie hat sich zwar noch einmal die Bedeutung der Bundesländer gezeigt. Doch entspricht dies nicht dem Trend. Zu erwarten ist vielmehr ein langsamer Niedergang der Ländermacht. Die Bürger fordern einheitliche Lösungen in den Bereichen, für die die Länder zuständig sind: in der Bildungs- und Kulturpolitik zum Beispiel. Das Bundesland, in dem sie leben, ist ihnen vielfach gleichgültig. Viele Länder sind mittlerweile nur noch Verwaltungseinheiten, weil es ihnen an finanziellen Möglichkeiten zur Gestaltung fehlt und der Bund Kompetenzen an sich zieht. Nordrhein-Westfalen ist insofern noch eine positive Ausnahme, weil es stark und groß genug ist, um eigene Akzente zu setzen. Die Wahrung dieser Position bleibt eine Herausforderung. Denn warum sollten die Menschen zwischen Bad Godesberg und Minden es auch in Zukunft noch wichtig finden, in einem eigenen Bundesland zu leben, wenn es keine Unterschiede mehr zu den anderen Ländern gibt?

Das Land muss sich neu erfinden. Das hat es in den zurückliegenden 75 Jahren immer getan, und das ist ihm bisher sehr erfolgreich gelungen. Vielleicht sind die Dinge momentan stärker im Fluss als in den zurückliegenden Jahrzehnten. Doch Vielfalt und Offenheit für Neues und für alle, die nicht hier geboren sind, gehörten von Anfang an zu den Stärken des Landes. Der Weg in eine Zukunft der vielen Identitäten wird dem Land nicht schaden. Sie passt vielmehr zur Identität Nordrhein-Westfalens.

Nordrhein-Westfalen ist nach 75 Jahren eines der erfolgreichsten und stabilsten Gemeinwesen der zurückliegenden Jahrhunderte in diesem Teil Europas. Das Land ist groß, es ist wirtschaftlich stark und friedlich, es ist krisenerprobt und bietet den Menschen, die hier wohnen, sehr viele Möglichkeiten, es zu ihrer eigenen Sache zu machen – ob im Dorf, in der Stadt, in der Region oder auf Landesebene, in Freizeit, Kultur und Bildung, beim Sport und natürlich auch bei der Arbeit. Die meisten leben gerne hier. Es ist ihre Heimat. Es ist Nordrhein-Westfalen in 75 Jahren gelungen, seine eigene Geschichte zu schreiben und dabei die Traditionen seiner Vorgänger aufzunehmen und weiterzuentwickeln. Dabei sind ganz neue Linien entstanden, die wegführen von den drei Gründungsterritorien und ihren Traditionen. Darauf werden wir künftig bauen.

DIE BILDERREISE DURCH DAS LAND

Beim Anflug aus großer Höhe werden nur die Konturen deutlich, die großen Linien, Schraffuren und Flächen, strahlende Lichtpunkte und leuchtende Bänder in tiefem Dunkel. Doch das Land kennzeichnen eine Vielfalt und eine besondere Schönheit, die sich erst am Boden erschließen. Ohne die Bilder von Schlössern, Burgen und Kathedralen, von Marktplätzen und Museen, von Fachwerk und Glasfassaden, von Industrieanlagen und Landschaften, von Flüssen, Tälern und Bergen beginnt die Ansicht aus der Luft nicht zu sprechen. Nordrhein-Westfalen ist in einem Bild gar nicht zu fassen. Es braucht sehr viele Motive und Blickwinkel, um dem Land gerecht zu werden, und sie werden dennoch nicht genügen, es ganz zu beschreiben.

Nordrhein-Westfalen ist ein schönes Land. Seine Landschaften sind abwechslungsreich und erstrecken sich von den bewaldeten Mittelgebirgen bis zu den flachen Ebenen des Niederrheins. So gut wie nichts ist völlig unberührt und nur Natur. Wir sehen vielmehr eine Kulturlandschaft, von Menschen genutzt und gestaltet, für die Landwirtschaft, für die Industrie, für die Städte und Dörfer. Im Fall des Braunkohletagebaus reicht dies von der völligen Zerstörung bis zur aufwendigen Gestaltung einer vollkommen neuen Landschaft. Besonders schön ist diese Kulturlandschaft, wo Parks und Gärten nach der vollkommenen Verbindung von Natur und geplanter Schönheit streben.

Die Landschaft lebt in den Jahreszeiten und im Wechsel von Tag und Nacht, mit ihren ganz eigenen Bildern und Momenten. Nordrhein-Westfalen hat gewaltige Straßen und Brücken, Häfen und Kanäle, die Reste der schweren Industrie für Kohle, Eisen und Stahl, selbst in ihren Resten noch voller Pathos und überwältigender Größe. Dann sind da die Flüsse, allen voran der Rhein auf seinem Weg vom engen Mittellauf in die Breite der Niederung hin zum offenen Meer: ein Strom, der anfangs wie ein Kanal das Land durschneidet und dann die Weite der Landschaft annimmt.

Dieser Band zeigt diese vielseitigen Landschaften und Landmarken, er stellt markante Orte und bedeutende Bauwerke aus allen Epochen vor, widmet sich Industrie, Technik und Verkehr, Politik, Religion und Kultur, Bildung, Wissenschaft und Freizeit. Die Fotografien fangen die Schichten ein, die 2000 Jahre Vergangenheit hier hinterlassen haben. Sie zeigen Zerstörung und Aufbau, alte Fundamente und neue Mauern, überlagerte Farben aus vielen Jahrzehnten. Dieses Übereinander und Nebeneinander scheinbar unvereinbarer Dinge verleiht dem Land einen rauen, oft etwas struppigen Charme. Glatt ist hier fast nichts. Alles sträubt sich gegen einfache und undifferenzierte Darstellung, gegen jedes Klischee und die Behauptung von Harmonie und Schönheit. Sie will gefunden werden. Es sind Momentaufnahmen, denn Nordrhein-Westfalen ist immer im Umbruch und erfindet sich permanent neu. Daher ist selbst Neues schon alt und im Verfall, aber Altes oft noch neu. Dem Land ist das egal. Es hängt nicht an Vergangenem, an irgendetwas, das von Dauer sein sollte oder müsste. Dafür ist es selbst zu neu, zu unruhig und zu sehr in Bewegung. Es ist ein Land mit Charakter.

SkyTrain am Flughafen Düsseldorf.

Wasserturm und Theater in Gütersloh.

Sitz des Bundespräsidenten in Bonn: Villa Hammerschmidt mit Park.

Prunktreppe von Balthasar Neumann
im Schloss Augustusburg in Brühl.

Verlassene Kohlebunker im Land-
schaftspark Duisburg-Nord.

9
8
7

Erinnert an SS-Verbrechen: Die
Wewelsburg bei Paderborn.

Zeche Nordstern mit Skulptur *Herkules von Gelsenkirchen* von Markus Lüpertz.

S. 56/57:
Mahnmal der NS-Ideologie: Schwimmbad der ehemaligen NS-Ordensburg Vogelsang im Nationalpark Eifel.

Kuppel des Gasometers in Oberhausen.

Wasserburg, Garten und Kunst: Schloss Moyland in Bedburg-Hau.

Sommerresidenz des Kurfürsten: Schloss Benrath in Düsseldorf.

Bauhaus-Architektur in Krefeld: Haus Lange von Ludwig Mies van der Rohe.

Bruder-Klaus-Feldkapelle bei Mechernich-Wachendorf von Peter Zumthor.

Kunstmuseum Marta von Frank Gehry in Herford.

Begehbare Skulptur mit Emscherblick: Tetraeder
auf der Halde Beckstraße in Bottrop.

Treppe im Bensberger Rathaus von Gottfried Böhm.

Kleinstes Haus der Festung Minden: Das Windloch.

Kemenate in Schloss Burg an der Wupper in Solingen.

Innenhafen Duisburg.

Wandgemälde von Roy Lichtenstein in der Heinrich-Heine-Universität Düsseldorf.

Skulpturensammlung des Lehmbruck-Museums in Duisburg.

Römischer Portikus in Aachen.

Teil der Museumsmeile: Kunstmuseum Bonn.

Schönwasserpark in Krefeld-Oppum.

Treppenhaus im ehemaligen Postministerium in Bonn.

Der Alte Flecken in Freudenberg im Siegerland.

Höchste Eisenbahnbrücke Deutschlands: Die Müngstener Brücke.

Weserrenaissance: Prunkfassade des Rathauses in Lemgo.

Eifelwald bei Kornelimünster.

Am Plenarsaal des ehemaligen Bundestags in Bonn.

Wiedertäufer-Käfige am Turm von St. Lamberti in Münster.

S. 66/67:
Landschaft in Ostwestfalen: Blick in die Ebene südlich von Paderborn.

Naturmonument im Teutoburger Wald:
Die Externsteine in Horn-Bad Meinberg.

Der Alte Wartesaal des Kölner Hauptbahnhofs.

Windpark bei Lemgo.

Theater Gütersloh.

Brücke über den Rhein-Herne-Ems-Kanal in Gelsenkirchen.

S. 72/73:
Das Landesarchiv Nordrhein-Westfalen nutzt ein historisches Speichergebäude im Duisburger Innenhafen.

Ursprung der Rheinromantik: Siebengebirge
mit Drachenburg und Blick auf Bonn.

Skulpturen und Gemälde im
Museum Folkwang in Essen.

Fachwerkhäuser in Soest,
Am Vreithof.

Sommerrodelbahn und Große Schanze
in Winterberg im Sauerland.

Kreuzgang der Abtei Brauweiler in
Pulheim.

Fabrik von Friedrich Engels senior: Die Baumwollspinnerei Ermen & Engels in Engelskirchen.

Im japanischen Kulturzentrum in Düsseldorf: Haus des 19. Jahrhunderts.

Weserrenaissance: Der Amelunxensche Hof von 1561 in Höxter.

Kölner Zentralmoschee: Kuppelgestaltung von Semih Irtes.

Waschkaue der Bergleute in der
Zeche Zollern in Dortmund.

Schalttafeln auf Marmor in der Zeche Zollern in Dortmund.

Das goldene Krönchen auf der Nikolaikirche ist das Wahrzeichen von Siegen.

Die Alte Synagoge ist heute das Haus jüdischer Kultur in Essen.

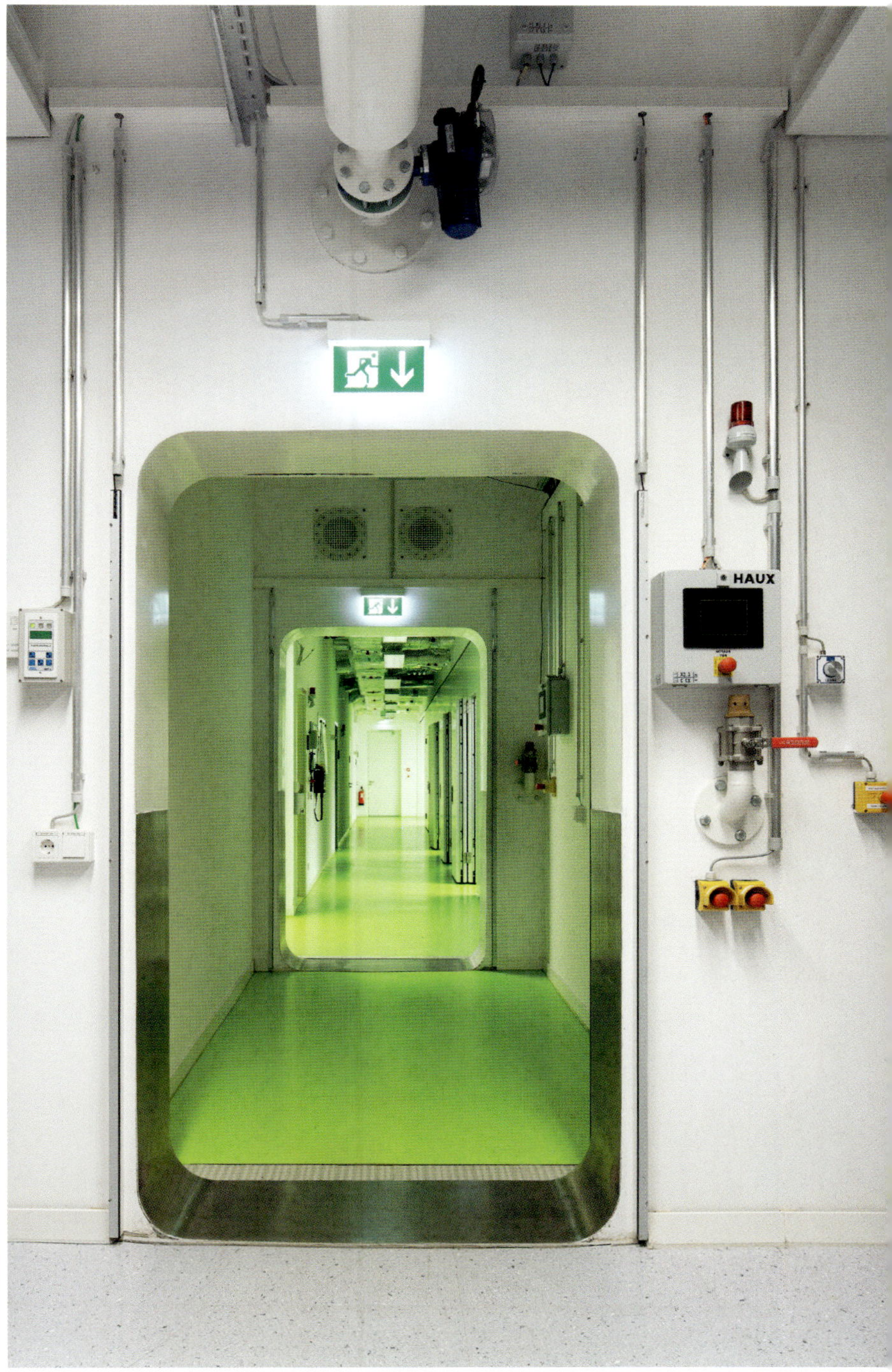

Druckkammern im Deutschen Institut für Luft- und Raumfahrtmedizin in Köln-Porz.

Restaurant Postwagen am Aachener Rathaus.

Gießformen für Schlüssel im Industriemuseum Gesenkschmiede Hendrichs in Solingen.

Arbeitersiedlung Klapheckenhof der ehemaligen Zeche Wilhelmine Victoria in Gelsenkirchen.

Detail eines Altars von Heinrich Douvermann in St. Nicolai in Kalkar.

Alte und neue Energiequellen: Tagebaulandschaft
mit Windrädern bei Garzweiler.

Lager

Ausstellungspavillon auf der Museums-
insel Hombroich in Neuss.

Nordrhein-Westfalens höchster Büroturm: Der Posttower in Bonn.

Weltweit einzigartig: Die Wuppertaler Schwebebahn.

Industriegebäude im Jugendstil: Das Wasser-
kraftwerk in Heimbach am Nordrand der Eifel.

Ornamentale Fassade: Die Neue Synagoge in Bochum.

Einst Parlamentsgebäude, heute Ausstellungsraum des Landes: Das Ständehaus in Düsseldorf.

Der älteste Nordrhein-Westfale: Rekonstruktion im Neanderthal-Museum in Mettmann.

S. 94/95:
Wasser für das Ruhrgebiet: Die Möhnetalsperre im Kreis Soest.

Der Rangierbahnhof Hagen-Vorhalle zählt zu den größten Anlagen dieser Art in Deutschland.

OB

28,5 Meter hoch: Die Glasfenster in der
Chorhalle des Aachener Doms.

Reste des Erdgasspeichers der Stadtwerke in Münster.

Altrheinlandschaft: Niepkuhlen bei Krefeld.

Das alte Abgeordnetenhochhaus
und das UN-Klimasekretariat
spiegeln sich in der Fassade des
Kongresszentrums in Bonn.

Technisches Wunderwerk seiner Zeit:
Das Schiffshebewerk Henrichenburg
von 1899.

S.104/105:
Älteste Arbeitersiedlung Westfalens:
Die Lange Riege in Hagen von 1661.

16
7

Alter Förderturm der Zeche Carolinenglück in Bochum.

Geburtsort von Annette von Droste-Hülshoff: Burg Hülshoff in Havixbeck bei Münster.

Atmosphärensimulationskammer SAPHIR im Forschungszentrum Jülich.

Plenarsaal des nordrhein-westfälischen Landtags in Düsseldorf.

Winterliche Eifellandschaft.

Der berühmteste Sohn der Stadt: Ludwig-van-Beethoven-Denkmal in Bonn.

Westwerk von St. Bonifatius in Freckenhorst im Münsterland.

Saal im Museum Ludwig in Köln.

Hoch über der Weser: Das Kaiser-Wilhelm-Denkmal an der Porta Westfalica.

Der Aussichtsturm auf einer Abraumhalde bei Inden wird Indemann genannt.

Heute Freizeitpark: Bemalter Kühlturm des Schnellen Brüters in Kalkar.

Das Dortmunder U: Einst Lager- und Gärkeller der Union-Brauerei, heute Kulturzentrum.

Ausstellungsgebäude der Langen Foundation von Tadao Ando auf der Raketenstation Hombroich in Neuss.

Lagerhaus der Gutehoffnungs-hütte von Peter Behrens in Oberhausen.

Blick über den Rhein von Duisburg zum Chempark in Krefeld-Uerdingen.

Ausflugsziel in der Eifel: Fachwerkhäuser an der Rur in Monschau.

Rathaus des Westfälischen Friedens in Münster.

Treppenhaus im Ruhrmuseum Essen,
einem alten Bunker der Kohlenwäsche
in der Zeche Zollverein.

Barockgarten am Niederrhein: Das Amphitheater
in Kleve ist Teil einer Gartenlandschaft.

Halle des Kölner Hauptbahnhofs.

Mittelschiff des Doms St. Viktor in Xanten.

Kunsthalle Bielefeld.

Reste von Panzersperren des sogenannten Westwalls nahe Roetgen, südlich von Aachen.

Wissenschaftspark Gelsenkirchen mit Lichtinstallation von Dan Flavin.

Terrassengarten nach historischem Vorbild am Kloster Kamp in Kamp-Lintfort.

Wiederaufbau in Nordrhein-Westfalen:
Ruhrschnellweg und Wohnhäuser in Essen.

Förderturm von 1929 der ehemaligen
Zeche Königsborn in Bönen bei Unna.

Tritonenbrunnen an der Königsallee
in Düsseldorf.

Erste deutsche Gartenstadt: Arbeitersiedlung Margarethenhöhe in Essen.

Renaissance am Niederrhein: Schloss Rheydt in Mönchengladbach.

S.122/123:
Kölner Uferpanorama bei Mondlicht mit Groß St. Martin und Dom.

Dienstwohnung der Bonner Republik: Der Kanzlerbungalow im Garten des Palais Schaumburg.

Das Düsseldorfer Schauspielhaus vor dem sogenannten Dreischeibenhaus, ehemals Sitz des Stahlkonzerns Thyssen.

Winterlandschaft im Sauerland.

Torhaus von Schloss Burgsteinfurt im Münsterland.

drey naemlich Maria Magdalea, Maria Iacobi. Maria Salome des morgēts gar früh Ca:
sonne auffgieng: daß H. Grab suchen, und Jesum salben wolten sprachen sie untereinander
Wer welzet unß den stein von deß Grabs thür?
M. Jacobi
M. Magdalena
M. Salome

Preußische Gründung: Das Nordrhein-Westfälische Landgestüt Warendorf.

Kopie des Heiligen Grabes: Kapelle Klein-Jerusalem in Neersen, einem Stadtteil von Willich.

Der Mariendom in Velbert-Neviges wurde von
Gottfried Böhm im Stil des Brutalismus gebaut.

Das Audimax der Ruhr-Universität Bochum.

Niederländische Renaissance: Das Historische Rathaus in Bocholt von 1624.

Die Urfttalsperre im Nationalpark Eifel wurde zu Beginn des 20. Jahrhunderts erbaut.

Das Rathaus von Brilon im Sauerland ist eines der ältesten Rathäuser in Deutschland.

Das Aalto-Theater und der RWE-Turm in Essen.

Einer der größten Hindu-Tempel Europas: Der Sri-Kamadchi-Ampal-Tempel in Hamm.

S.134/135:
Westfälische Wasserburg: Burg Vischering bei Lüdinghausen mit dem Münsterlandmuseum.

Seidenspinnerei Verseidag in Krefeld von Mies van der Rohe.

Kohlebunker in der Kokerei der Zeche Zollverein in Essen.

Rheinkirmes in Düsseldorf.

Innenansicht des Kölner Doms.

Westwerk des Mindener Doms.

Die einstige Tuchfabrik Johann Wülfing & Sohn in Radevormwald.

Droste-Hülshoffs Landsitz: Haus Rüschhaus in Münster-Nienberge.

Im Josef Albers Museum Quadrat in Bottrop.

Turm der Kirche St. Alban in Erftstadt-Liblar.

Landschaft am Niederrhein.

Wasserturm mit Wassermuseum in Mülheim-Styrum.

Das barocke Rathaus in Soest.

Das Gräfliche Haus im Gräflichen Park
in Bad Driburg.

Der Paderborner Dom.

Jüdischer Friedhof in Billerbeck
im Münsterland.

Lernen mit Seeblick: Das Oeconomicum der Heinrich-Heine-Universität Düsseldorf.

Erste Jugendherberge weltweit: Burg Altena im Sauerland.

Mauer statt Stahlgerüst: Malakow-Turm der ehemaligen Zeche Hannover in Bochum.

Blick vom Thron Karls des Großen in den Aachener Dom.

GAT ATQUE REGAT SIC DEUS HOC TUTUM STABILI FUNDAMINE TEMPLUM QUOD CAROLUS PRINCEPS CONDIDIT ESSE VELIT + CUM LAPIDES VIVI PACIS COMPAGE LIGANTUR INQUE PARES NUMEROS

Größte Leuchtreklame weltweit: Das Bayer-Kreuz in Leverkusen hat einen Durchmesser von 72 Metern.

ERGO

Die Jahrhunderthalle in Bochum ist heute ein Spielort des Festivals *Ruhrtriennale*.

Festung am Rhein: Stadtmauer von Zons.

Höchster Aussichtspunkt Westfalens: Der Astenturm auf dem Kahlen Asten.

Rodeln im Düsseldorfer Hofgarten vor dem runden Hochhaus der Ergo-Versicherung.

Die Stadt- und Landesbibliothek
Dortmund von Mario Botta.

Das Museum für Kunst und Kultur
in Münster.

Gradierwerk der Saline Gottesgabe
aus dem 18. Jahrhundert in Rheine.

Dieser Bildband sucht nach der Identität des Landes, nach den tieferen Schichten hinter den sichtbaren Oberflächen und flüchtigen Eindrücken. Doch welches Bild zeigt Nordrhein-Westfalen in einem einzigen Motiv? So, dass jeder sofort erkennt, es geht genau um dieses Land? Ein Bild, in dem sich jeder Nordrhein-Westfale sofort wiederfindet? Andernorts stellt sich diese Frage gar nicht. Bei einem Foto von Schloss Neuschwanstein ist jedem Betrachter klar, dass es um Bayern geht. Frankfurts Skyline steht für Hessen, die Kuppel der Frauenkirche in Dresden für Sachsen. In Schleswig-Holstein oder Mecklenburg-Vorpommern sind es Landschaften, die Küsten zumeist. Solche ikonischen Motive sind historisch geprägt oder wurden durch die stete Wiederholung in der Fremdenverkehrswerbung in den Köpfen verankert.

Nordrhein-Westfalen hat beides nicht. Eine kleine Bildersuche bei Google zeigt als wichtigstes Motiv unter dem Namen des Landes den Kölner Dom. Bei den Landschaften liegt ein Motiv aus Ostwestfalen-Lippe vorne: Die Externsteine faszinieren die Menschen. Dicht dahinter folgt der Rhein mit Drachenfels und Drachenburg bei Bonn. Sucht man nach einem allgemeinen Motiv, dann ist es vermutlich ein Stausee. Sie tauchen in der Suche sehr häufig auf: irgendwo in Nordrhein-Westfalen, vielleicht im Sauerland oder im Bergischen Land, in der Eifel oder an der Ruhr. Der geografische Ort bleibt oft unklar. Nur Einheimische erkennen die Landschaft.

Die offizielle Internetseite des Landes behilft sich mit einer Auswahl von 27 kleinen Fotomotiven aus dem ganzen Land: Es gibt dieses eine Bild eben nicht. Das Prinzip des Landes ist Vielfalt. Vielleicht ist es daher auch kein Zufall, dass Bildbände über Nordrhein-Westfalen gar nicht so häufig aufgelegt worden sind. Denn wie lässt sich zeigen, was so schwer auf einen Nenner zu bringen ist? Was ist der rote Faden, den aufmerksame Leser oder auch nur eilige Blätterer erwarten?

Das Land besteht aus dem Norden des Rheinlandes, aus Westfalen und aus Lippe. Es gibt die Kreise und die Regierungsbezirke. Doch das Herz der Menschen im Land schlägt für ihre engere Heimat. Die Landeszentrale für politische Bildung hat dafür acht Identitätsregionen identifiziert: den Niederrhein, das Rheinland von Düsseldorf bis Bonn, das Bergische Land, Aachen und die Eifel, Münster und den Hellweg, Ostwestfalen-Lippe, das Sauerland mit Siegerland und Wittgensteiner Land und natürlich das Ruhrgebiet. Jede dieser Regionen hat ihre Wahrzeichen, Zentren, Schlösser, Landschaften, Seen und Flüsse. Auch diese Einteilung, die näher am Herz der Menschen liegt, ergibt noch keinen roten Faden.

Es gibt gleichwohl ein paar Fotos, die jedes Buch über Nordrhein-Westfalen zeigen muss. Das Weltkulturerbe hat Bedeutung weit über das Land hinaus: der Aachener und der Kölner Dom, die Zeche Zollverein in Essen, das Kloster Corvey und die Barockschlöser in Brühl. Nicht fehlen dürfen die großen touristischen Ziele wie das Hermannsdenkmal oder das Rheintal, die vergangenen

Industrieregionen mit ihren Museen und Landmarken, Dortmund mit dem „U“, die Landeshauptstadt Düsseldorf, die alte Bundeshauptstadt Bonn. Es gibt Dinge, die sind den Menschen einer Region so wichtig, dass sie Besucher dorthin führen, um ihnen zu zeigen, wer sie sind und was ihre Region kennzeichnet: Aussichtstürme wie der auf dem Kahlen Asten, der Alte Flecken in Freudenberg oder das Krönchen in Siegen; viele Dome, Abteien, Rathäuser und Altstadtquartiere.

Die Zahl der Besucher gibt nur bedingt Aufschluss darüber, ob es sich um eine Herzensangelegenheit handelt. Zu den meistbesuchten touristischen Zielen zählt der Vergnügungspark Phantasialand bei Brühl. Ein Bildmotiv mit Bedeutung für die Identität des Landes und seiner Menschen? Vielleicht nicht für alle, aber doch für viele. Denn auch die moderne Freizeitkultur mit Fußballspielen, Events und Rockkonzerten stiftet eine Form von Identität. Sie ist nur schwer in Bilder mit langer Gültigkeit und hoher Dauer zu fassen. Wer denkt heute noch an Autorennen oder Konzerte, die einst Zehntausende mobilisierten? Die Zeit geht schnell darüber hinweg.

Die Bilder dieses Buchs sollen auch noch in 20 Jahren von Bedeutung sein und einen Sinn vermitteln. Das ist das Ziel des Fotografen Florian Monheim. Der Spezialist für Architekturfotografie arbeitet in einer ganz bestimmten Weise, um ein Foto zu erzielen, das seinen strengen Kriterien genügt und mehr zeigt als eine schöne oder interessante Oberfläche. Wichtig ist für ihn, den richtigen Standpunkt zu finden – zunächst einmal für die Kamera. Dann sucht er nach Linien, Perspektiven und Überschneidungen, die eine gewisse Ordnung in das Chaos bringen, die „richtig sind“. Und dann geht es noch um den richtigen Zeitpunkt, denn es ist nicht egal, von wo das Licht kommt, welche Schatten entstehen und wie bestimmte Elemente beleuchtet sind. „Bei klarem Licht werden die Konturen schärfer“, sagt Monheim, „und wenn ich Streiflicht habe, wird die Oberfläche stärker betont als bei trübem Wetter oder Gegenlicht.“ Es kommt auf den richtigen Moment an, den Monheim abwartet. „Das sind oft nur ein paar Minuten, die entscheiden.“ Doch sie zu treffen, kann manchmal Stunden dauern. Geduld ist wichtig und auch ein wenig Glück. „Jedes Motiv braucht für mich ein ganz spezielles Licht. Oder vielleicht sehe ich das Objekt überhaupt erst als Motiv, wenn das Licht so ist?“

Monheim will „fotografieren, was zu sehen ist“. Eine Nachbearbeitung gibt es nicht, auch wenn die digitale Technik das leicht möglich macht. Er macht authentische Bilder, will sein Publikum nicht für einen schnellen Effekt belügen, den es in der Wirklichkeit gar nicht gibt. Weil er nach dem Moment sucht, der mehr ist als eine flüchtige Aufnahme, konzentriert er sich auf das Wesentliche und arbeitet es aus der unendlichen Menge der Möglichkeiten heraus. Menschen kommen bei ihm nur sehr selten vor. Das verleiht seinen Bildern Gültigkeit, denn Kleidung und Frisuren sind Moden unterworfen, die sich leicht einer bestimmten Zeit zuordnen lassen. Weil

Monheim das Überzeitliche der Dinge herausschält, wird man diese Bilder auch in Zukunft mit Gewinn anschauen können – anders als viele Reportagefotografien und all jene Dinge, die uns heute wichtig erscheinen und über die doch in ein paar Jahren niemand mehr sprechen wird.

Das Prinzip des Landes ist die Vielfalt. Sie stiftet die Identität, denn sie gibt den Menschen Raum, sich hier zu Hause zu fühlen, so wie sie sind und ganz gleich, von wo sie oder ihre Vorfahren einmal gekommen sind. Der rote Faden sind daher die Bilder selbst. Der Buchgestalter Thomas Neuhaus hat sie arrangiert, ohne einer starren Ordnung zu folgen, die sich aus Geschichte, regionaler Zuordnung oder vermeintlicher kultureller Bedeutung konstruieren ließe. Der Band erhebt auch keinen Anspruch auf Vollständigkeit – sie bleibt unerreichbar, wenn Vielfalt der Leitfaden ist. Neuhaus ermöglicht vielmehr eine Entdeckungsreise durch diese Vielfalt. Es wäre leicht, ein Ministerium in Bonn zu fotografieren. Der Geist des Ortes erschließt sich aber viel genauer über eine jener schlichten, aber kunstvollen Treppen, die man in den 1950er-Jahren gerne baute und die bis heute schön sind. Gleichzeitig verzichtete man an den neuen Regierungsgebäuden auf äußeren Schmuck. Nur 40 Jahre früher, als man im Jugendstil baute, sah man das ganz anders, und 200 Jahre zuvor, im Barock, musste auch eine Treppe ein ganz besonderes Kunstwerk sein. Neuhaus setzt die Motive nebeneinander und gegeneinander, er sucht nach den Spannungen und nach den ruhigen Momenten. Der rote Faden findet sich in der stetigen Wiederkehr des Gleichen in ganz unterschiedlicher zeitlicher Ausprägung.

So wächst aus der Vielfalt der Aufnahmen das Bild des Landes. Es stellen sich Zusammenhänge her, die ohne diese Montage gar nicht zu erkennen wären. Die Dinge im Land haben miteinander zu tun, auch wenn sie aus unterschiedlichen Epochen, Landschaften und Gebäuden stammen. Das lässt sich im Detail oft genauer erkennen als in den großen Übersichten, den Postkartenmotiven, die uns überall begegnen. Es lohnt sich, genauer hinzusehen und das Besondere im Allgemeinen, das Ganze im Detail zu finden.

Nordrhein-Westfalen, dieser menschenfreundliche Zufall der Geschichte, bekommt auf diesem verschlungenen Weg eine sehr klare Kontur. Die Vielfalt zahlt auf das Gemeinsame ein, und es ist viel Platz für unterschiedliche historische Wege, für Religionen und Konfessionen, für Reiche und Arme, für das Moderne und das Alte, für die Dorfschmiede und das Stahlwerk. Das ist die Identität Nordrhein-Westfalens.

Das Land feiert seinen 75. Geburtstag. Florian Monheim hat Momente zwischen Ruhe und Aufbruch eingefangen und zeigt mit gültigen Bildern das Land, wie es ist. Seine Fotografien markieren einen Punkt, von dem aus sich nach vorne blicken lässt. Der rote Faden der Vielfalt will weitergesponnen werden.

Westfälisches Versailles: Schloss Nordkirchen im Münsterland, heute Sitz der Hochschule für Finanzen Nordrhein-Westfalen.

Aussichtspunkt Biggeblick über dem Stausee bei Attendorn.

Kunstmuseum Schloss Morsbroich
in Leverkusen.

Landschaft an der Erft bei
Bliesheim.

Rheinbrücke zwischen Duisburg
und Krefeld-Uerdingen.

S.156/157:
Die Technik liegt außen: Klinikum der
Rheinisch-Westfälischen Technischen
Hochschule in Aachen.

Fernsehturm und Medienhafen
in Düsseldorf.

BILDNACHWEIS

6: © Florian Monheim; abgebildetes Werk aus dem Foyer des Verfassungsgerichtshofs für das Land Nordrhein-Westfalen und des Oberverwaltungsgerichts, Münster: Ung-Pil Byen, Zwei Menschen, 2004 © Ung-Pil Byen 2021;
13: © Florian Monheim und Barbara Opitz;
31: © Florian Monheim und Roman von Götz;
64 unten Mitte: © Florian Monheim; abgebildetes Werk aus der Heinrich-Heine-Universität, Düsseldorf: Roy Lichtenstein, Brushstroke, 1970 © Estate of Roy Lichtenstein/VG Bild-Kunst, Bonn 2021;
64 unten rechts: © Florian Monheim; abgebildete Werke aus dem Lehmbruck-Museum, Duisburg: Wilhelm Lehmbruck, Büste Frau L. (Anita Lehmbruck), 1910, Mädchen mit aufgestütztem Bein, 1910;
79: © Florian Monheim; abgebildete Werke aus dem Museum Folkwang, Essen: Paul Gauguin, Mädchen mit Fächer, 1902 | Aphrodite, 3.-1. Jahrhundert vor Christus | Paul Gauguin, Reiter am Strand (I), 1902 | Vincent van Gogh, Die Ernte, Kornfeld mit Schnitter, 1881 | Auguste Rodin, Der Minotaurus (Faun und Nymphe), 1885/1886;
80: © Florian Monheim und Barbara Opitz;
87 links: © Florian Monheim und Barbara Opitz;
107 oben Mitte: © Florian Monheim; abgebildete Werke aus dem Museum Ludwig, Köln: Pablo Picasso, Mousquetaire et Amour, 1969 © Succession Picasso/VG Bild-Kunst, Bonn 2021 | Karl Schmidt-Rottluff, Stillleben mit Negerplastik [Original-Werktitel], 1930 © VG Bild-Kunst, Bonn 2021 | Jankel Adler, Katzen, 1927 | Hermann Scherer, Liebespaar, 1924, Die Schlafenden, 1924;
133 Mitte: © Florian Monheim und Barbara Opitz;
134/135: © Florian Monheim und Barbara Opitz;
147 unten: © Florian Monheim und Barbara Opitz;
155: © Florian Monheim und Barbara Opitz

Für alle anderen Abbildungen: © Florian Monheim

Lektorat: Wera Reusch, Köln
Gestaltung und Satz: Thomas Neuhaus, Billerbeck
Gesetzt aus der Charlotte und der Avenir LT Pro
Lithografie: prepress, Köln
Papier: GardaMatt Art
Druck und Bindung: Passavia, Passau

ISBN 978-3-7743-0940-1

Detaillierte Informationen über alle unsere Bücher finden Sie unter:
www.greven-verlag.de